岁月无声

尹训国 ◎ 著

中国文联出版社
http://www.clapnet.cn

图书在版编目（ＣＩＰ）数据

岁月无声 / 尹训国著. -- 北京 ：中国文联出版社，
2017.10

ISBN 978-7-5190-3212-8

Ⅰ. ①岁… Ⅱ. ①尹… Ⅲ. ①诗集－中国－当代

Ⅳ. ①I227

中国版本图书馆 CIP 数据核字(2017)第 263089 号

岁月无声

作　者：	尹训国		
出 版 人：	朱　庆		
终 审 人：	朱彦玲	复 审 人：	周劲松
责任编辑：	张凯默　李成伟	责任校对：	傅泉泽
封面设计：	杰瑞设计	责任印制：	陈　晨

出版发行：中国文联出版社

地　　址：北京市朝阳区农展馆南里 10 号，100125

电　　话：010-85923060（咨询）010-8592300（编务）010-85923020（邮购）

传　　真：010-85923000（总编室），010-85923020（发行部）

网　　址：http://www.clapnet.cn　　　http://www.claplus.cn

E - mail：clap@clapnet.cn　　　panshijing@clapnet.cn

印　　刷：虎彩印艺股份有限公司

装　　订：虎彩印艺股份有限公司

法律顾问：北京天驰君泰律师事务所徐波律师

本书如有破损、缺页、装订错误，请与本社联系调换

开　　本：710×1000　　　　1/16

字　　数：183 千字　　　　印　张：17.75

版　　次：2017 年 10 月第 1 版　　印　次：2017 年 10 月第 1 次印刷

书　　号：ISBN 978-7-5190-3212-8

定　　价：36.00 元

目 录

檐 下

雨滴悬挂

滴下

美人蕉硕大的叶子

发出惊讶

一只小鸟闻声而来

蹲在叶子上静静地张望

又一滴落下

击中了它的羽毛

是惊诧

还是害怕

拍动翅膀

飞离檐下

一滴

两滴

……

滴下。

小柿子

天凉了
树叶黄了。
风来了
叶子蝴蝶般飘舞。

雨来了
叶子铺满了一地
像金黄色的地毯。
又来了一阵风
叶子不见了
树就像落完发的僧人。

偶尔还见
一棵树上的两三个柿子。
红通通肥嘟嘟的
站在枝头跃动呼喊
"快来，快来呀，谁来和我玩儿"

不能咬

妥妥，我是大老虎
我饿了
我要咬妈妈。

不行，不行
不能咬
妈妈会疼的
我要保护妈妈。

不行，不行
不能咬
妈妈喜欢你。

不行，不行
不能咬
给你张纸
你吃吧！

辣椒红了

窗台那几个辣椒
变红了。

它们是我偷来的
在小区里楼下
一个勤劳的大哥在花坛里
种养的。

一个月黑风高的夜晚
与朋友贪杯后
我偷菜来了。
像小时候去瓜园里偷西瓜
挺利索的。

它们来的时候
还是青色的。
晒了几天日光浴
就红了。

想想那大哥
蛮可怜的。
这辈子欠他了
下辈子得还他多大的啊？
真对不住了。

不过
辣椒红的还是
蛮喜人的。

好了
你知道就行了。

好 摸

妥妥
你在干吗

我在
摸我的奶奶。

好摸吗

不好摸
妈妈的好摸。

爸爸的好摸吗

不好摸
妈妈的好摸。

大世界

因为看得太多
所以
眼睛看不见。
因为听得太多
所以
耳朵听不见。
因为习惯了傲慢
所以
总是冷冷的淡漠和偏见。

因为走得太急太快
所以
忽略了两旁的风景线。
因为不曾想过问过
所以
日子总少一些闪亮的改变。

世界很大

触及不到的遥远和无限。

世界又很小

或许

就在转念之间。

早 晨

早晨像一粒石子投进
时间的湖里
有声有形。

擦身而过的
匆忙的脚步
未睡醒的眼睛
像磁石般的手机
不管不顾的汽车
驴拉磨般的地铁
谁都是那么面无表情。

拥挤的
堆砌的
故事线
确定而又不确定。

这仅仅是一个开始

开始无精打采的场景。

喊一声

跳一下

是不是会有一个饱满的回应？

两眼泪狗狗

小区里有个阿姨
是山东老乡。
妥妥每次见了她都喊
老乡奶奶
喊得热情而响亮。

每次提及老乡
旁人总在念叨
老乡见老乡，两眼泪汪汪。
妥妥学会了
也总在念叨
老乡见老乡，两眼泪汪汪。

这几天
他的念叨变了样。
老乡见老乡，两眼泪狗狗
老乡见老乡……

圆圆的月亮

今晚的月亮好圆

挂在空中

洒下遍地的光。

路途上的行人

禁不住驻足仰望。

饭后散步的人们

用欢快的双脚丈量着每一米的光芒。

小区里面的野猫

蹲在花坛旁对着月亮漫开了想。

满地金黄的落叶上

是清风还是月光的脚步噌噌作响。

今晚的月亮好圆

好亮。

小时候，像这样的晚上。

村里的女娃娃们

在胡同里叽叽喳喳地捉迷藏。

男娃娃们
手持各种木棍打乱七八糟的仗。
牛只顾着自己的反刍
猪吃饱了睡得酣畅。
一座座的小院子
家长里短横竖疯长。

今晚的月亮好圆
好亮。
妥妥刚看到
就扯开了喉咙唱：
天上有个太阳
水中有个月亮。
他在地上撒欢地跑
惊喜地发现月亮跟着他忙。
他朝着月亮喊
心想得到小兔子的回响。
却没有任何回来的声音
妥妥皱了眉头
宝贝，月亮很忙
因为有很多很多的人都在

看着月亮。

该回家喝奶奶了
妥妥朝月亮挥挥手
月亮，我要回家了
我再来，明早上。
今晚的月亮好圆
好亮。
陪伴着多少人的梦乡。

我是一棵小石榴树

我是一棵小石榴树
在你看到我之前
是
在你看到我之后
还是。

我也不知道为何会来这里。
妈妈在几十米开外的地方
一条根系在地下匍匐了很久
才找到这个可以萌芽的突破口。
当我往外冒的时候
才发现这里是墙根的水泥缝。

我费尽了力气从缝隙里钻了出来
在楼道门铃底下
我的周边是封得死死的水泥地。

可能你不会留意我

即使你每天开门关门
因为我只是
一棵小小的石榴树
带有翠绿叶子的
门旁还有月季等很多小伙伴。

可能你会留意我
因为我就在门铃下面
绿地一目了然
其他伙伴都在沃土里。

不论你是否会留意我
我都在
一直在这里。

或许我存在的位置有些尴尬
每年物业上的叔叔阿姨
都会特意来剪掉我。
但是我还会冒出来
每年剪
每年冒
所以我最高也就这样的身高。

我的根扎在这里了

只能在这水泥缝里冒
必须在这里往外冒。

冬天快要来了
物业又该来修剪了
也许你有段时间又见不到我了。

不过，放心吧
明年我们还会见面。
我还会枝叶繁茂
在明年的春天里
是的
阳光明媚的春天里。

电脑上的树

电脑屏保突然跃出
一棵参天向上的大树。

顺着树干仰视
深呼吸遮天的绿
感觉自己是一只小松鼠。

实在是想爬上去
站在最高的树巅
看看平时看不见的远处。
去感受森林外面的风
还有上面的
阳光和沐。

可是，然后呢
……
毕竟

我只是一只小松鼠。

毕竟

这只是电脑上的树。

妈妈的生日

小时候总是要提前几天
嚷嚷着提醒妈妈
不要忘记我的生日。

那一天
妈妈做碗手擀面
往里水烹一个鸡蛋
是我迄今最好的美食
也是丈量我青春
成长的标尺。
一年又一年
味道缠绕心情的记忆。

我三十六岁了
可是
我今天第一次给妈妈
过生日。

我三十六

她六十四

过去的那么多年

我在哪里

不曾记得

也不曾想起。

没有意识的时光

没有人给妈妈过过生日。

是的

没有人给妈妈过过生日。

妈妈吹了蜡烛许愿

脱口而出

"希望孙子能找个好媳妇儿。"

外婆说

外婆来的时候
妥妥还只会在垫子上爬。
外婆要回云南了
妥妥已经满地跑。

每天妥妥醒来
就喊"婆……"
每每看不见外婆的身影
就大声地喊"婆……"。

临行前
外婆带妥妥
站在阳台墙根
沿着头顶划了条线。

外婆说
妥宝贝，好好长
等外婆下次来
看你长多高。

没有名字的狗

我回到老家的时候
它一副倦怠。
不咬也不理我这个陌生人
趴在太阳底下无精打采。

妈妈说
它可能吃错了东西
把肚子吃坏。

除夕初一两天
它趴在玉米秸秆里安静地
看新年的喜庆
在院子里溢开。

初二上午
它慢慢地挪到厨房门口
又到大门口
那个慢哦
像一个谨慎的老太太。

它在大门口
看了看胡同
还有胡同头儿上的街道。
站了一会儿
就往回走
走了十几步
就一头倒了下来。

身后
肠子被排了出来
被吞下的骨头划破。
它那毛茸茸
像是一把枯草在轻轻摇摆。

老爸把它埋在了
枣树底下。
到了初夏
枣花会以什么样的姿态盛开？

它是一只狗
没有名字的狗。

当我看见

当我
看见
那近处的湖色
和远处的灯光。
我的心情
飞扬。

当我看见
纯净的天空和
漫天的星光。
我的欣喜充盈
眼眶。

太久了
都市的光芒遮蔽了太多
让我失去仰望。

我不要世界。

当世界在的时候
我只想
那儿时的天空
不曾离开我而游走。
只想那星星
一直闪烁在我的窗口。

调皮的雨

雨像断了线的珠子
挤满了倦鸟归巢的路。
如同一场隆重的布道
满眼湿漉漉的狂欢。

雨珠滴在雨衣帽子
像打在屋顶上
急促的鼓点
又像小狗在扒门。

它跳跃到我眼前
是想窥视我的心事么
还是仅仅热情地打个招呼？

冷不丁
一滴雨珠跳进我的眼里
就像妥妥趴我脸上贪婪地亲吻我时
滴下的口水
调皮得很。

我是妈妈的小月亮

如果妈妈是地球
我就是月亮
是妈妈的小月亮。

每天晚上
妈妈睡在我身旁。

满七个月的我
还不会控制睡觉的模样。
一会儿左翻
一会儿右翻
一会儿脸朝下
一会儿脸朝上。
做梦的娃
偶尔哭两声
偶尔会笑响。

不论我怎么转

不论我怎么样
只要睁开眼就能看见
妈妈的脸庞。

我是妈妈的小月亮
妈妈把我生在有趣的天空
给我满身的光。

即使以后我会爬
我会走会跑
满世界地跑
都跑不开妈妈的守护
和凝望。

明年我要种月季

我在雨中
看见一墙月季。
怒放得热烈
让我屏住呼吸。

我想种月季
来年春天
在山东老家那个院里
种一排
种上百棵月季
沿着墙站立。
种几排
围满那个院子。

妥妥肯定喜欢
小狗也肯定欢喜。

我陪母亲

在花丛里

听她讲

她小时候的故事。

影 子

初夏的雨
留在路上
一片亮晶晶的水洼。

一辆宝马车经过
一对情侣牵手经过
一个流浪汉经过
我和我的自行车
然后经过。

水里
看见他们和它们的影子
也看到我自己。

我想
在流水般的世间
我也是影子吧
瞬间的影子
不论帅
或者不帅。

一小片阳光

从地铁站出来
西直门的春风略有寒凉。
一个女孩从后面紧步赶超过我
侧面看见了她初长发黑的胡子。
报刊亭还在
热饮香飘飘类的手写广告
像站街女一样挑逗与勾引着路人。

某个楼偷得一缕阳光
一小片金黄色像个不规则的补丁
糊在了那个顶角。

其实，我很久没有看到过朝阳了
当然也包括夕阳。
村子里的是大平原上的太阳
大大的朝阳和夕阳。
大得让人担心天空扛不住
怕掉下来砸坏谁家地里的玉米或小麦。

每天早上进来这个水泥建筑
傍晚走出去
每个人都是钟点工。
时光有规律地使唤我
我像个万般殷勤的小丫鬟。

八点了
该去吃早餐了。

月光曲

宁静的深夜
微风在吟唱。
高悬天幕的月
是多么的明亮。
月光轻轻流淌
抚洒在你的脸庞。

睡吧，亲爱的妥妥
我猜月亮姑娘都喜欢上
你那俊俏的小模样。
睡吧，亲爱的妥妥
爸爸愿意为你守望
你酣畅的梦乡。

月光光，月姑娘
妥妥睡，睡香香
月光你慢慢淌
我的妥妥你好好长。

月光依然宁静
依然明亮。
我们的蚊帐
就像夜海中的港。

你为何而开

还是那个
两三平米的阳台。
你数月的攀爬
从无懈怠。

我利用了你
绿化装点了这个窗台。
随后
斩了你匍匐的头
剪了你伸触的须
只是因为狭窄。

被斩的头附近
新的头不停冒出来。
一次次再斩掉
那嫩绿的芽叶
都来不及展开。

你终于放弃了前进
或许是因为
秋天的到来。
最早爬出盆沿的叶子
已有一区域的枯败。
我在想
哪天得空拔了你
合着时令的节拍。

这一天
我突然看到了你的花
在几片霉点的绿叶中
静静绽开。
黄艳艳的
突然地把我惊呆。

我想不明白
你为何而开？

这里没有沃土
没有直射的阳光
没有和风雨露
甚至没有空间供你
把身体展开。

你
为何而开？

一直把你当做绿化的工具
秋暮渐重
你还想结一个北瓜
延续自己的后代？
你
为何而开？

上天不关爱
也没有人
为你喝彩
你注定是无果的花
相比田野农院里的
小伙伴们
你
可怜又悲哀。
你
又为何而开？

我说不清
也想不明白。

也许
你认为这就是
你的舞台。
所以
你要径自灿烂
即使只有刹那
也要努力盛开。

老鼠的阳光

冬日的中午
阳光茂盛
你奔波而来
引领我欢呼雀跃
走出封闭的办公楼。

抬头向上看
是清澈的蓝天。
柏油路上
已经铺满金色的地毯。
脱去叶子的枝桠
把稀疏的影子搁到脚前。
轻踩着阳光
沐浴着金黄
浑身是不尽的舒坦。
右手牵着你的左手
扣着你的手心
肩并着肩

爱情
让我们如此温暖。

北京的胡同
已不多见。
我们漫步街头
看城市的五光十色
在面前流转。
看万相众生
奔波忙碌而不得清闲。

北京很大
世界更大
我们很小
小到放到人堆里面
无法将我们分辨
但我们因为彼此
而拥有幸福的笑脸。

我们像两只可爱的小老鼠
依偎对方的温暖。
一起努力
面对风雨，迎接冬天。

只要有阳光
我们就快乐地走出窝。
手牵手　肩并肩
没有别出心裁的浪漫
没有惊天动地的誓言
只想
永远陪在你的身边。
把想欺负你的人打跑
好吃的留给你
好玩的让给你
在你生病的时候
带你去医院。
在你忧愁的时候
带你天天过礼拜天。
还要烧最好的菜
让你一天比一天馋。
当然
冬天补钙的阳光
我们永远都晒不完。

我们就像两只小老鼠
简单地相爱
快乐地生活

直到头发全部白完。

在冬日的中午

我们依然

晒太阳

手牵手，肩并肩。

沉醉的晚上

上弦的月
浮在深沉的苍穹。
冷不丁
掉进院子的水缸里。
水灵灵的
如一块千年的碧玉。
清风跳过水面
她又如一个小天使
在缸面翩翩起舞。

这是
一个沉醉的晚上。
对着她
我傻傻地痴迷
玉米棒的浓香
在空气中
肆无忌惮地流淌。

我的一切
已停滞
只因为她
那美丽的月亮。

哪里天国

今儿，农历七月十七
你走了
已有半年。
听不见你的声音
也看不到你的表情
更无从打听你的讯息。

那天坐在二人转剧场
突然想你
潮水般的笑声中
我
热泪两行。

奶奶，你在哪里
过得还好吗
那里是否有
冷暖四季
那里是否有

人情世故
是否有人照顾你
是否也有像我一样的孩子
听你讲故事。

每想起
埋下你的是
村南那冰凉的黄土。
我就怀疑是否
真的有天国。
完全陌生的世界里
你能习惯吗
你还能看见我们吗
还会想你这个调皮的孙子？

我喜欢看你
对镜梳头的样子。
而今，看到白发
都会让我的心震动。
爸妈的头发又白了好多。
奶奶，你知道吗
你的离去
让我开始恐慌失去。
世界的尽头

原来
仅在瞬间。

奶奶，你要多保重
不管那里是不是
人们说的天国。

春 雨

哪里来的柔风
打开了春天的门。

小河的流水
开始歌唱。
树上的小鸟
也变得喜气洋洋。

第一朵粉红色的伞
飘来。
天空的雨
开始洒洒扬扬。
河面
变成了雨珠的欢乐场。
小鸟
拍了翅膀躲藏。
唯恐惊雷炸响。

只有株株嫩草

头顶了水珠

引发一串串联想。

走出驿站

跨出摇篮
脱开一双双搀扶的手
独自去寻觅
属于自己的蓝天。
跋涉的坚毅
在我眉宇间溢满。
不畏困难
藐视艰险
风雨中，走过
一个又一个驿站。
没有烦乱
没有埋怨
走过之后，觉得
人生真的很短很短。

伴着日月星辰
走过春夏秋冬
渺茫天地之间
是我
正扬起拼搏奋进的风帆。

在路上的 2008

不知觉，双脚已在征途
2008
不再是计划和口号。

过去已成为过去
伴随着时间的奔跑。
曾经各种缘由的泪水
曾经各种形式的欢笑
曾经的跌宕
曾经的风骚
已全部
路归路
桥归桥。

2008，一片空白
荒芜贫瘠而希望燃烧。
感觉，时间最不可靠
将我们的辉煌和骄傲
瞬间全部注销。

大声地告诉我们：
那已经是历史
人不能回头走已走过的桥！
而时间却又很公平
它把我们所有的沮丧和泪水
彻底清扫。
铿锵地告诉我们：
新的赛程，你来领跑！

列计划，你
可以气壮山河地喊口号。
作总结，你
可以随心所欲地精绘细描。
但收获却不会因此增多或减少。
有水分的拼搏
是人生致命的毒药。

2008，已经在路上
内心是憧憬的波涛
那些爱我的人
他们的期待将我围绕。
2008，我来领跑！

相　识

你同你的名字
都如一首亮丽的小诗。
灿烂的笑
洋溢着季节
芬芳的气息。

不经意
我们相识。
你的笑声
如同春风扑进我的心里。
于是
心房不再潮湿
即使窗外是飘着雨的花季。

我把认识你的喜悦
酿成浓烈的期冀
想与你相知。

这一切
来得好突然呵
世界显得如此神奇
唯有用缘分诠释。
问自己
为何与你相识这么迟？

时光
依然在飞逝。
两年甚至多年以后
你是否还会把我记起？

不要问"为什么"

何必在我的诗句后面
挂一个醒目的"？"。
其实
这个世界并不可靠。
很多事
总是不了而了。
世间沧桑
根本不容我们思考。
不等明白
天已荒
地已老。

不要问"为什么"
并非拼凑
并非捏造
人间不平事又有多少。
该哭的可以不哭
该笑的一定要笑

没有人
清楚地知道
我
内心的奇妙。

给失败者

是狂风摧折了你的桅杆？

是浪涛打翻了你的小船？

不要沮丧

不要埋怨

既然已经失败

又何必认为是一种罪愆？

要么，铭记昨天

要么，忘记昨天

铭记，是教训

忘记，是信念

既然拥有了人生

就应风雨无阻

勇往直前。

弱者畏惧困难

强者从容地向困难挑战。

是失败者并不意味着是弱者

而弱者

最终一定是失败者
怯懦的人生太肤浅。
百折不挠的人生
才会更丰满
更伟岸。

做强者
还是弱者
已没有选择
勇敢地迎接挑战
将困难用力捻碎
才是强者的风范。

信　念

总是用苍白无力
的谎言
将自己
活生生地欺骗。
从不想从前
我知道
那只能加重我的负担。
如一只受伤的小鸟
不能飞上向往的蓝天。
噙着泪，滴着血
重整坚毅的信念。

用岩石
将爪子磨尖。
用烈火
将怯懦驱赶。
于是
我又得到了
飞翔的勇敢。

星 星

也许，开天以来
你就是孩子们的知音。
脸对着脸
眨着眼
聆听他们莫名其妙的
问题。
最后让他们
在欢快中入眠。

不老的千年童话
沧桑而明亮。
你是不二的神灯
照亮了北极的雪
南极的冰
还有喀纳斯的水。

你是智者
平静地注视着

凡间的万家灯火。
历数着人间的
悲欢离合。
一任岁月蹉跎。

点点清辉
妩媚寂寥苍穹。

失 落

曾经努力过

奋斗过

可是

成功依然是遥远的传说。

我的日子

没有喜悦。

我的夜空

没有一颗星星闪烁。

难道

这就是生活？

为何如此

令人难以捉摸？

总是疑惑

别人的机遇

为何如此阔绰？

而自己

总是失落。

是不是我的所做

全都是错?

是不是在这个年纪

注定要不知所措?

扪心自问

何时我才能收获自己的丰硕?

旧庭院

无雪的冬天在古城蔓延
一杯乡愁伫立在眼前。
春暖漾枝头河水微微满
榆钱雨里柳树宛如烟
绿疯了自由自在的麦田。

轻叹的黄土胡同
一把深锁藏起了旧庭院。
油布木窗映透了她的煤油灯盏
岁月在墙上剥落
又看见妈妈年轻的容颜。
靠门的椿树荡过的秋千
兄弟间的笑声浮现在眼前。

谁还在想念那座旧庭院
曾梦见数着星星躺在院子中间。
仍记得那年我们还很肤浅
想不到荒唐世界的浮云每一天。

谁还在想念那座旧庭院
琅琅书声大雁飞向南。
夕阳下迷恋不散的炊烟
时光导演再也没有了的童年。

谁还在想念那座旧庭院
黄土胡同里故事依然在上演
荒草长满的墙头让人心疼一点点。

梦　醒

又是夕阳西下的波浪
把我的浮梦打落。
呆望着那即将逝去的余晖
悔恨又把一天错过。
没有快乐
没有收获
只有充满泡沫的梦
还有梦后的悲痛与困惑。

无为的日子
已沉积成厚重的过错。
用尽所有的力气
也无法将它搬挪。
没有奋进
没有执著
又怎能树起自己的婆娑
又怎能笃守对生命的承诺？

梦醒
坚定
继而是血与汗的拼搏。

不认输

眼前的每个人
都低着头在忙碌。
忘记了身外的一切
只是为了即将到来的角逐。

而我
还在悠闲地欣赏着时间的舞步。
往昔应战
每一次都是仓促。
战后便是几日的痛哭。
现实
并不残酷
只是无为将我束缚
平庸将我禁锢。
懦弱的人
又怎能走好万里路？

为了不再挫败后痛哭

为了重写男人战斗的记录

更为了

不让人生在无知中虚度

昂起头

挺起胸

我——不认输!

母　亲

一根闪亮的银针
挑破了
浓浓的黑夜。
缝制了
少年跋涉的行囊。
刺出
一滴血。
涂抹那弯新月。

于是
前进的路被照亮。

父 亲

岁月
刻画了一张沧桑的脸。
生活犁起的
鸿沟。
填满了
苦度朝暮的艰辛。

是我
用这些
装点了自己
富丽堂皇的前程。

黑暗中的亮光

阴森的夜
黑暗在四处张望。
每个角落
都有它幽灵般的目光。
带着冷冷的风
撕裂我的胸膛
塞进了冰凉的忧伤。

于是，剔透的花瓣
飘离了绿意盎然的枝头。
于是，心在滴血
泪在流淌
沮丧在潜滋暗长。

已记不起
快乐的模样。
一时的挫折
吞噬了所有的辉煌。

天堂远离人间
人间没有天堂。

面对步步逼近的夜
我多想选择逃亡。

但我是男人
必须坚强。
握紧了梦想
点燃黑夜中的片片亮光
我
在路上。

三峡人家

以前
传说中的三峡
蜿蜒的扬子江
巍峨的大坝。

终于，今天
走进了三峡。
那润如绸缎的江水
绵延到四千年前的巴楚人家。
布满青苔的石板
依山而建的吊脚楼
是丛林中不灭的神话。
美丽的西陵峡
那寨子里面的人家。
静止的溪水
倒映着天空的无瑕。
竹林里的溪流
是谁玉立船头

唱着那动听的民谣啊。
一张张简约的渔网
和影影绰绰的乌篷船
勾勒出让人惊讶的画。

我爱这里
美丽的三峡人家。

夜里的传说

漆黑的夜
被灯火涂抹。

伫立在风中的我
一味保持着沉默。
处在冷清的氛围
我束手无策。
平生以来
我未犯有任何过错。
为何要毫无条件的承受寂寞。

伴着树叶随风飘落
聆听着远方美丽而古老的传说
我极力回忆
以往我的所做。
恍然醒悟
那闪亮的灯光
那美丽而古老的传说

是我生而带来的承诺。

于是

继续风雨兼程

人生

应该光明磊落。

爱的滋味

爱的滋味
人人有不同的体会。

那是相见的雀跃
隔着宽宽的马路
眼神就急切地交汇。
那是牵手的温暖
手心相扣
暖流就在全身循环来回。
那是亲吻的甜蜜
心怦怦狂跳
大脑短路身心俱醉。
那是离别的痛苦
无情的站台
转身后
头却凝望难回。
那是思念的苦涩
望着她的照片

挑灯傻坐迟迟不能入睡。

……

爱的滋味
只有真爱的人才有体会。
爱
难能可贵
今生无悔。

秋天里的誓言

秋风掀开了收获的一页
田野又呈现一片灿烂。

悄悄地回眸
打量我平生的积攒。
挫折的感觉
顿时
将我封严。
喘不上气
也看不见任何光线。

是那毫无理由的自满
还是自我放纵的懒散？
是什么
把我
抛进了一贫如洗的深渊？
何时
何时我才能

树起自己的婆娑与灿烂？

夜里
我梦见了
故里飘香的玉米田。
还有母亲
夜里挑灯
煎熬着飞针走线。
还有父亲
斜阳下
卸了锄头
抽起了一袋袋的大旱烟。
我依然
是他们心头的企盼。

勇往直前！
我将誓言镌刻在
这个秋天。

遥远的天边

岁月的长鞭
抽打着我的脸
永远忘不了
我正走向遥远的天边。

贫血的日子
我不会思念
布满灰尘的从前。
日子把我的心
载到了看不到的遥远。
阳光把我的思绪
晒得极其温暖

即使得不到大海的浩瀚
我的心中
也会出现美丽的帆。
同我
驶向天边
驶向遥远。

给我爱的那片热土

如果我是一株青松
我将用我浓重的绿色
点缀她蓝色的天空。

如果我是一朵白云
我将自由地游弋在
她绵延的山群。

如果我是一缕清风
我将在黑夜
拾拣
这方土地上所有的梦。

如果我是一粒火种
我将牺牲自己
点燃
这方土地上的沸腾。

这里
真实和宽容
总让我感动。
这里
炊烟袅袅
鸟啼虫鸣
总让我陶醉其中。

她的血液
时刻在我身上流淌。
我是她的
不是么？
我将在她的怀抱里
像庄稼一样自在地生长。
我要用我的青春
去实现她的梦想。

畅　想

拥有了太阳
便渴望月亮。
拥有了月亮
却向往太阳。

不知道插上奋飞的翅膀
能否到达太阳
光辉的殿堂。
也不知道
依靠有力的桨
能否驶近清冷的月亮。

如果能。
我将永远为理想
而歌唱。
把每一缕灿烂的阳光
挽成希望。
如果不能。

我将永远为现实而崇尚
把每一束皎洁的月光
编织成热情奔放的诗行。

带上所有的畅想
我将在春天里徜徉。

不想说爱

莫名其妙

总是在想那张脸。

她和我仅仅是

短暂的面对面。

却在我脑海

复制了无数张笑脸。

像阳春三月般灿烂

让我痴恋

一直痴恋。

莫名其妙

想来总是心跳。

她的一举一笑

在我心底反复浸泡。

时时如同煎熬

长出一棵亭亭的相思草。

我不想说

这是爱。

只能将一份纯真

在心里掩埋。

不能用青涩

去换取青春的无奈。

不想说爱。

浴　火

那是一团烈火

将我紧紧地围堵。

前后左右

所有的缝隙

都没有出路。

从内到外

全是熊熊火焰的分布。

烈火中，看到的是不堪的自我

烈火中，迸发的是对自己的愤怒。

烈火中，是腐肉的融化。

烈火中，是血液的干枯。

我看到自己被一点点烧尽

不可宽恕

也不可救赎。

我看到自己一点点接近消亡

无力

无助。

我又看到自己被一点点托起
灰烬全无
只剩下一根雪亮的白骨。

那是炼狱中淬火的白骨
是铮铮男儿的一根铁骨。

新　年

红红的灯笼
挂进了家家户户。
欢声笑语
赶跑了所有的苦楚。
抱拳作揖
满当当的都是
祝福。

新的一年
总是一条崭新的路。
手执岁月
紧锣密鼓绘制人生宏图。

桌上的年糕
在开心地笑。
锅里面的饺子
在欢快地跳。

鞭炮声声
隆重热烈地
揭开了新年的帷幕。

等待太阳

在沸沸扬扬的喧嚣中
我停落在一块单独的地方。
日夜奔波的艰辛
几日面壁
又怎能饮尽?

走过贫瘠与荒凉
没有任何痛楚的呻吟。
只是
傲慢化为巨石
偏见变成森林。
再也没有地方
能容我的心。

苦难?
快乐?
……

一路走来却难知晴阴。
血汗混搅就能换来丰硕?

我不再相信。

向前一步
深渊
向后一步
悬崖
脚前脚后不知如何退进。
蜷缩在方尺山陵
纵有翅膀
也飞不回那个叫作家的林。

谁会来问候我
谁能来帮助我？
呐喊后
空寂得没有任何声音。

留一点体力
存一点信心
等太阳升起来吧。
只有她认得回去的路
我要
乘着阳光前进。

十 年

无论悲愁
无论欢喜
手中流走的总是时间。
得到一点点
失去一点点
转身回首
已近十年。

就在那一年
我们如阳光般灿烂。
迎着风奔跑
让梦想飞得高远。
就在那一年
我们如鲜花般怒绽。
指点着江山
让年轻不再只是誓言。

宴席终将要散。

那一年
已成为十年前的
一个片断。
因为已过去
所以怀念。
因为见不到
所以想念。

那个时间
那个地点
还有那些人
都不曾在人生的预算。
人生无从预算
只是一场场意外
在上演。

下一个十年
不知道我们在哪里
和谁
看人间四月天。

想起母亲

想起母亲
在我漂泊的日子。

那白发双鬓
那微驼的身影
悄然潮湿我这游子的心。
泪水
注成片片森林。

岁月匆匆的步伐
记录她奔波的辛勤。
沟沟壑壑的皱纹
诉说她生活的艰辛。
苦难的重压
日子的清贫
是母亲用瘦弱的双肩
铸就了顽强的坚韧。

想起母亲

不论今天富贵抑或赤贫

不论母亲距离遥远

抑或极近

我都眼泪纷飞。

那扇熟悉的家门

那倚着门框的眼神

是母亲

牵挂流浪在外的儿亲。

盼我睡得安稳

盼我每天都能顺顺心心

期待我

有一天能独木成林。

想起母亲

母亲离我是如此之近

我泪眼婆娑

感激不尽。

远　航

迎着款款的海风
漫步在悠远的海滩。
人生又要远航
心中装满沉甸甸的信念。

滩多礁多
可我并不想说那有多难
那有多险。
望着老水手那坚定的眼神
我抖出了"果断"
抛起锚
扬起帆
开启人生新的航船。

前方的路
很远很远。
过去的风景
不能留恋。

眼前的迷茫纷杂

无须埋怨。

人生

就应是劲风大浪里的周旋。

走过以后

会发现

人生很短很短

天空又高又远。

初八的早上

都已经是 2011 年的 2 月
2010 年的雪才来。
来得如此迟
如唐僧遇到了妖怪。

小区的保安捂了个严实
看着遭人践踏的雪花
默默地发呆。
路边的草坪上
谁家的狗狗在野蛮地恋爱。
突然的天气
让路上添了拥堵和无奈。

多想
吃着火锅唱着歌
开着地铁去上班
那感觉
铁定是和谐年代。

老态龙钟的 9 路车
怎么还不来？
就要迟到了
那个天天指挥东指挥西的谁
指定要抓狂气急败坏。

静 思

夜幕在头顶笼下
城市像是训练有素的孩子
从喧嚣中逃离。
灯光
伴着呼吸
蔓延
停靠在窗台的边际。

眼睛跳开了电脑
看不到遥远
没了方向地游离。
了无声息
了无声息
时间和血液
流淌在全身的血管里。
心慢慢地飘
超越可以衡量的距离。

这是
没有角色的一场大戏
心事婆娑
美妙在此处慢慢开启。

什么都不想

这个世界
变得每天都不乖。
乱七八糟陆续登台。

地震，洪水
挡不住的天灾。
石油涨价
粮食危机
亏的还是咱们木就瘦瘪的口袋。
伊朗试核弹
小日本去了钓鱼岛
闲着没事就知道嘚瑟显摆。

周老虎是假的
高考还有人替
作假不问心态
摆明拿诚信当咸菜。
专家与蛤蟆比高低

教授忙着打赌上镜头
忘乎所以
热闹的世界里
大家都寂寞难耐。

什么都不想吧
明天太阳照常升起来。

北京，你早

今天冷不丁起了个大早。
六点钟就出了门
太阳还没有爬上楼梢。
空气里是春的味道
没有村里的狗吠鸡叫
没有炊烟缭绕。

苏醒中的北京
熟悉而陌生的广外甘石桥。

五颜六色的车排上了马路
烤红薯的老乡已来到天桥。
亲爱的 691
一如既往的满当和热闹。

车上的人有老有少。
不同的面孔
不同的眼神

不同的欢笑。

不同的过往

不同的梦想

不同的目标。

不同的人都在奔跑。

北京，你早！

腊　月

已是腊月二十一
时间总是偷偷地跑。
眼看的尽头
是两个年度之间的热闹。

窗的内外
寻不到过年的味道。
麻雀在枝头调情地
肆无忌惮
它们不用排队买票
就可轻易飞到陌生的远处
拼凑一片又一片的欢笑。
没有醉人的雪花
没有腊梅的妖娆
只有急急忙忙送礼的道具
只有麻木痴呆的街道。

汽车的尾气

在空气里发情般地发酵

水泥方块的笼子

熙熙攘攘夹杂着嘶哑的疲劳。

腊月

都市沙漠看不见温暖的符号。

西二环的路上

我一个人
走在大路上。
西二环的灯
将我的影子拉得很长。
那些车
像是着急回家的游商
灰头土脸
南来北往
匆匆忙忙。

我迈着大步
迎着清风的脸庞。
多么好啊
这条路
没有勇敢的女流氓
也没有吃羊的灰太狼。
只有我步履如飞
还有疾步下熊熊燃烧的脂肪。

想到脂肪
让我想到了家里玉米地的芳香
还有妈妈手擀的面汤。

夜晚的北京
你是谁的故乡？

寂 寞

夜色浓得像墨海一样
颗颗疲惫的心在里面轻叹。
没有了喧嚣
寂寞主宰了时间和空间
柔和的光
温暖着冰冷的心田。
打发掉了沸沸扬扬的白天
也便抛却了欺骗。

阳光下
形形色色无法分辨
也只有在夜里
一切都回归了自然。
平静安详的生命趁着黑暗
展现出所有的内涵。

若想看到
请不要忘记
寂寞是指引你的灯盏。

没有太阳的北京

这几天
北京的天空看不见太阳。

灰蒙蒙的阴霾
死死地罩在城市的上方。
令人无精打采
令人忘记了时间
也分不清方向。
昔日会唱歌的树叶
开始变得暗淡无光。
一直在奔波的人们
像是即将发霉的种子
在 82 的湿度里浸泡膨胀。

电视里
石油流进了大连港
化学品污染了松花江
······

这里是
北京。
暴躁的汽车依然
在西二环路上
艰难地流淌。
传说中的 2012
谁在贿赂诺亚方舟的船长?

不知道
是太阳找不到来北京的路
还是
我们抛弃了太阳。

这几天
北京，没有太阳。

城市咏叹调

号了城市的脉搏
我看见了
城市病患者的恐慌。

五彩的建筑
如一张厚实的大网。
笼了树林
笼了农田
把片片绿色抛给了灭亡。

水泥钢筋充斥的空间
人们却在
无知地歌唱。
没有了绿色
哪里还有生机和希望?

赤裸的黄土高原
曾经是一片汪洋。
孤烟大漠

曾经是一片鸟语花香。

历史的教训

不应被遗忘。

绿色

是我们家园的本色

也是我们的希望。

还没有发现吗？

一片片的森林

一片片的耕地

在消亡

在消亡！

快快醒来吧

汽车尾气中的病患者

水泥笼子里的文明人

你还真的以为

你是地球的国王？

快快醒来吧

否则

天地间剩下的

只有沙漠荒凉。

折翼的天使

——给被遗弃的残疾孩子

118

你是一个天使
从天国而来。
当你在妈妈腹中萌动的时候
凝聚着整个世界的喜悦和期待。
当你呱呱坠地的刹那
眼睛还没来得及适应人间的色彩，
爸爸脸色开始变得阴霾
妈妈的泪水如洪堤决开。
因为
你翅膀的残缺
这是个巨大的意外。

在你咿咿呀呀准备学说话的时候
在你即将学会叫妈妈的时候
爸爸妈妈把你放在了冰冷的街头巷外。
没有人给你换尿布
没有人给你喂奶

任你哭破了喉咙
折了的翅膀
无法带你回去天国的世界。

这个尘世
有很多如同你的天使从天国而来
降生
然后被抛弃
有的被认领收养。
有的被上天慈悲地带去天堂
那里没有寒冷和饥饿
是温暖的怀。

不要怨恨你的爸爸妈妈
不管你在天堂还是尘世
你都是他们的牵挂和无奈。
背负怨恨
你的心更难温暖起来。

如果你在天堂
你就看看世间人们的辛苦和悲哀。

你要庆幸没有在这里多待。

等到哪一天

这里没有冰冷的地

你再从天国而来。

如果你还在尘世

你要坚强起来。

你或许不能走路，不能说话，看不到，听不见

但是你可以用你的心感觉这个世界

有很多善良的人给你关爱。

你一定要好好地活着

在尘世演绎别样的精彩。

折翼的天使

亲爱的孩子

你们同样是人世间的宝贝。

不曾为你写的诗

到目前为止
我还没有为你写过一首诗。

因为
把你看得太重
在我的心里。
怕把你写轻了
我的文字太贫瘠
太无力。

片断和永恒
你充满我的现实和记忆。
相望开心
我愿把时光
锁定在湖畔的
春光里。

概　括

人为什么要活
没有人能加以概括。

不知何时
人世间才能没有谎言
没有懦弱。
拥挤的空间
就连婴儿也在喊"拼搏"。
没有人能知道
这后面有几分把握。

其实
你我他
都能加以概括。
将最简单的变得最复杂
这是人们给自己编织的迷惑。

站出来

大胆地说

不要害怕说错。

因为

真实的人生

不需要承诺。

生日忏悔

今日的阳光
的确灿烂。
而我
心里冷清依然。

不知何世的旧怨
让我孤独了多年。
是岁月遗忘了我
还是我迷失在流年？

生活没有可圈可点
即使是特殊的今天
我也只是在忏悔
忏悔
忏悔自己的从前
味同咀嚼海水般苦咸。

没有鲜花

没有祝福

梦想的一切都已飘散。

我虔诚地忏悔

仰望苍天。

为你的惊叹

似乎生来就等遇上你
欣喜的瞬间
眼神的惊叹。

落寞的流年
从此
生活改了颜面。
一如初春的迎春花
生机涌吐
托起一墙的灿烂。

我傻了似的
痴痴将你迷恋。
赤裸裸地站在你跟前
一览无余
我所有的不堪与优点。

现实和梦境的轮回

126

你成了唯一的主角
婀娜在我的心间。
对你的关注
在分分秒秒中扩大蔓延。
如窖藏的老酒
点点滴滴酿成浓香的挂牵。
你的阴晴变化
主宰了我心情的那片天。
为你一点点的效劳
都给了我快乐无极限。

说不清缘由
但就是那般的喜欢。
像是一缕阳光
给我的生命着色
在冷眼的世间。
像是一丝清风
拂去我心灵的微尘
在满是沙尘的人间。
因为你
我品味到爱情

心，不再孤单。

因为你

我懂得了爱

有了一个男人气概的实现。

这是多么重大的一个发现！

经历了风雨

更懂得了你

洗礼后

是

一个崭新的开端。

思　念

思念是狡猾的狐狸
没有停断
没有休止
流窜在我的脑
我的心里。
往事是它的工具
霸道地占据了日记。
把与你相关的一切
细致地打包
合成记忆里的点点滴滴。
融进我的每一个细胞
弥渗其间
不留缝隙。

清风明月倚枝头
问不出你的归期。
思念

是没有票的乘客
去不到你那里。
给思念一张票
拂去烟雨万里
此情可寄。

宣　誓

我曾发誓

一定要出人头地。

可是

出人头地

又从何谈起？

月亮从枝头滑落的时候

我的眼睛开始哭泣

泪水冲刷着

过去和现在的点滴。

沟沟壑壑

便成了我跌打的痕迹。

为什么

老天把我安排在冬季？

本来

我的人生打算已是非常周密。

现在看来

只不过如此而已。

人
不能
坐着等待奇迹。
雪花飘飞的季节
只是一味地寻觅。
等到布谷啼叫的时候
日子就有了耕耘的主题。
站在阳光铸成的旗帜下
作最后一次
宣誓。

西直门地铁站

还是这个地铁站
拥挤
喧嚣依然。

过去的每次目送惜别
像过电影一样
回到眼前。
我如同脱窍的魂
看见你我的每一个片段。
你对我的"调戏"
你的欢笑
你挥别转身
淹没在站台上
涌动的人群间。

是谁说爱情力量无限？
我已分不清
传说与现实的界限。

化蛹成蝶
却破不了那层茧。
流浪歌手
弹唱着人们的心事。
任伤感的季节
到处蔓延。

西直门地铁站
是终点
还是起点？

徘　徊

总是在这样的时候
由于羞涩的喜欢
才悄悄躲开。

躲开的是身影
躲不开的
是默默的情怀。

在你生活的世界
飘忽
时不时偶然地闪现。
脚步在徘徊
眼神却
从未离开。

表达出来
显得傻
难以想象的心情和状态。

不表达
却谁也不明白。

或许
不是不想去爱。
怕只怕
爱也是一种伤害。

角落里的我

真不清楚
这个世界上
还有没有一个"我"。

如同犯过无数过错
独自躲在人群的角落。
任泪水浸渍着梦
梦想着往昔的执著。
任思绪四处漂泊
泊到尽头依然零落。

漂泊
是歌。
梦想
是传说。
热闹的世间
我将自己严密封锁。
于是

阴天的日子很多。

生产无数的牢骚
目光里的日子
还是难以捕捉。
经历过挫折的痛楚
才明白
生活不应是萧索
而应是
婆娑。

等　你

想和你在一起
可是
你给我的机会并不景气。

为你
为了把你珍惜
我完全
冷落了我自己。
或许
你对我
永远未能顾及。
但我
仍会一如既往地对你。

等你
只是为了和你在一起。

失望

总是

期待的天敌。

我曾设想一千个理由

证明你的无意

也安慰

伤痛的自己。

时间

累积的痛

无法找一个字代替。

是铭记

还是该忘记？

我看你

幸福在

我的目光里。

错 过

日子走了
我才知道
已经错过。
想再去珍惜
早已无法捕捉。

捶胸顿足
抢天呼地
又怎能弥补这个过错？
曾在眼前的
曾经熟悉的
如却成了
遥远的传说。

接受
还是不接受
我无法定夺。
因为我已无选择

教训是仅有的
收获。

收获
才会少几次错过。

谁是谁的谁

秋风裹卷风尘
看不见妖娆的春雨霏霏。
叶子黯然飘落
看不见处子般的花蕾。
冰悬檐下
看不见厨房里鲤鱼的眼泪。

一路尽是他人的欢笑
独自心扉
无人能懂的
风尘疲惫。
偶然的人生
偶然的离合
谁在等谁来陪

谁又需谁来陪
谁
是谁的谁。

祈　祷

夜

遮了所有的景色。

谁的影子

在风中孤寂地难耐。

快乐

快乐

快些到来。

可是，夜依旧

黑暗依旧

我

愈加倦怠。

是不是

一切的一切都已把我抛开？

没有光线

没有色彩

也没有了我的所在。

我拼命地奔跑

尽头还是黑暗

还是顽固的无奈。

默默祈祷

黑暗

不要往我心里来。

同一个城市的距离

每天穿梭其中
这个城市
却从未变得熟悉。

一首老歌
荡漾在十四中广播里。
一下子
就让我在
熙攘的路边伫立。
行色匆匆的面孔
不会注意
自己之外的悲喜。

知道你
在这个城市的某个角落里
迈属于你的步子
想你自己的心事。

虽然我们在这
同一个城市。
却像云朵
相隔在千万里。

也许
这是冷漠了的
心与心的距离。
无限
距离。

想　念

我沉浸在对你的想念
如梦般甜
如梦般酣。

昨夜长梦
遇到你的笑脸。
在一望无际的原野
盛开的向日葵
无边无沿
你亭亭玉立在中间。
像一朵花蕊
点燃超出我双眼的灿烂。

我惊呆了
醉了
那气息的芬芳
那明眸的温暖。

想念
宁可在梦中长眠。

歌

抛却疲惫和烦恼
面对秋季斑斑驳驳的萧瑟。
系紧衣裹
不要让秋风掠走心底的暖和。

思绪随着落叶在飘零
此刻这空间并不静默。
拾拣几片落叶
心情随手也被洒落。
带着憧憬
怀着寄托
去遥远的地方漂泊。

当眼前变得昏暗的时候
履行自己对风的承诺。
蹚着暮色
归来同风儿一起欢乐。
风儿在唱

心慢慢地和。

又是那一首
凄冷中夹带多情的歌。

春 天

你静悄悄地来
没有预约
没有寒暄。

我不经意看见
你在墙头托出一片金黄色的灿烂。
迎春花从零星到团团簇簇
是你悄然递出的名片。

你爬上树丫枝头
嫩芽萌动
发出一声声惊叹。
你洒下点点甘露
滋润干涸的尘世
孕育生机无限。

厚重的棉衣脱去了
小河碧水开始溢满

黄色的枯草下
新芽把脑袋伸探。
风柔和地吹
涤荡着寒冷与哀伤的牵绊。

世界开始热闹起来
因为，已经是春天。

无语的回报

麦子抽穗的季节
我挑起夜半的灯盏
磨砺着收获的镰刀。

今年不是风调雨顺
收成也难以预料。

灯捻在缩小
液休沿着脸颊不停地滑落
是汗水
还是泪水？
都有
都是
是对父母苦度朝暮的回报。

无语的
回报。

挽　留

拉住
岁月的手。
我
不想再乞求。
因为
我知道
我并不能把岁月挽留。

当一切
都黯然的时候。
我的日子
只能机械地拼凑。
再不想
重复发霉了的"是否"。
时间
已把我抛在她的身后。

我不想
从此以后
只把遗憾收留。

根的情怀

粗糙斑驳的外表
往往被人们冷落
但，还是默默
默默地履行对使命的承诺。

数不清的枝杈
担负着血脉的职责。
血液流动
生命的光彩在黑暗的地下闪烁。
生机的使者
生命的魂魄
日月的光泽
都欣赏你稳重的性格。

带着对生命源泉的向往
去地下深处开拓。
只因为
上面的枝叶还得生活。

带你一起往前冲

156

宝贝，昨夜梦见你
哭泣的脸
没有笑容。
伸手却碰不到你
那是
刻骨的痛。

恶毒的巫婆
设计了爱情这个魔洞。
装进甜的果
还放了痛的种。
我们是中了咒的鸟
屁颠屁颠把自己往洞口送。
啄了痛的种
苦涩滋味如此不同。

宝贝
别怕

带你一起往前冲。
我一定要将甜的果
轻轻放入你的口中。

宝贝
爱的路上
总有险阻重重。
是真情的考验
不是苍天的捉弄。

宝贝
别怕
任它风雨放纵
任它荆棘成丛
我心
不会松动。
我爱
更将从容。

宝贝
别怕

带你一起往前冲。
一起飞过风雨
去看那动人的彩虹。

带你一起往前冲
忘记时间
忘记世界
在你我自由自在的天空。

北京的正月十五

北京，正月十五
晚上
我努力寻找月亮。

隔着千万里的霾
隐约看见一点点
透出来的亮光。
四面起伏的鞭炮声
与重度污染的空气
快乐交响。
璀璨的烟花
在楼宇间热烈地
绽放。

但是
瞬间的玉树银花
怎比得上过去的
满天星光？

那是谁升起的孔明灯啊
一盏红色的亮点
向着月亮的方向
飘荡。

如同迷途的孩子
它是否在找寻那个
曾经
干净的家乡。

鸿 雁

你那嘹亮的歌唱
在我的新鲜的记忆里
总是那样敞亮。

那样的草原啊
数不清的牛羊
还有那醉人的花香。

你回去了
回到了蓝天白云的故乡。
在那看不见的天际
你是否依然在歌唱？
那片土地
你回去了
带着我的痛惜和忧伤。

我想
你依然笑眯眯的
安详地
一如既往。

时　间

时间是什么

是把杀猪刀？

说得恐怖

听着吓人

那是对猪开的玩笑。

但时间的魔力

似乎真的无人可逃。

时间

是染发的剂

从乌黑的头发

到苍白了的鬓角。

时间

是额头的纹

从一道隐约的印记

变成了平行的道道沟壑。

时间

是凛冽的风

把一张粉嫩的脸
刮得干瘪粗糙。
时间
是个巫婆
将青春活力的苗条
变成了大肥腰。

它在让我们一天天地
变衰老。

163

时间是待煮的饭
是孩子的哭闹
是待洗的衣服
是自行车掉了的螺丝帽
是待拖的地板
是每天睁开眼后的上有老下有小
还有单位天天像催命鬼似的领导。
以生活的名义
给你繁琐
让你没了脾气也没得求饶。

它一直在努力

将我们驯服与改造。

时间是 KTV 里的穿越

面对着 00 后

却只会点唱 20 世纪 70 年代的歌谣。

它一直躲在某个角落

偷偷地将我们嘲笑。

人变得越来越规矩

没有了棱角。

理想在时间面前

也卑微地

不敢被看到。

可怕的时间呵

你是

蚀人心骨的老妖。

我们真的就甘于

被她这样改造?

虽然无法抗拒

身体的衰老。

但我们的心

却依然可以年少般地奔跑。

理想依然可以昂首骄傲
可以放飞
可以招摇。

驾驭时间的魔力
享受生活的味道。
因为
我们注定
是美丽风景一道。

送　别

树叶总要衰落
鲜花总要凋谢
我们
总要离去。

躺在那厚实的土地
那草的味道
那浓郁的空气
是不是回家的目的地?

生
有太多的爱恨。
去
又是悲伤的别离。
遥远的相望
再聚无期。

那个世界

有没有来世？
那些数不清的过往
在谁泪水婆娑的眼里？

在依依送别中
多么希望
你含笑地安息。

同一个月亮

中秋之夜
又圆又亮的月亮。
今夜
多少人抬头凝望
在思念自己的故乡。

故乡
是一方水
是一方土
是生养自己的爹和娘。

为梦想或年少的轻狂
我们带着奔波的行囊
去跋涉
去闯荡
追寻一个不同轮廓的人生模样。

有冷有暖

有繁华有沧桑。

有举棋不定有豪情万丈。

举头望明月的此刻

像投入温情的故乡。

星系般浩瀚的思量

绵绵的，有牵挂

绵绵的，有期望。

孩儿是爹娘线牵的风筝

飞再远的四方。

回望处

白白的月光

是他们一直都在的凝望。

冰激凌

突然
感动在那些歌声里。
那些
过往和记忆。
那些
一幕幕
时光逝去
却从未稀释。

吃一个冰激凌
甜在嘴里
凉到心底。

无从想象
你如何
度过那些孤独的日子。
世界
纵使千万里

在那一端
从未与你有距离。

多么希望
你
甜蜜如昔。

雾霾来时

北京的雾霾很任性
像嫖客不定时地想来就来。
有时会像打了鸡血
几百的 PM2.5 连续五六天依然很嗨。

楼，不敢下
窗，不敢开
心中是白茫茫的无奈。

为老为小为保命
想到移民或去丽江开个餐馆烧个菜。
意淫一下那种蓝天
都是一种高规格的自在。

还没等开始练英语或者报名厨师班
风已从张家口杀将过来。
吹散了雾霾
也把我吹回了当下的生活
一个老老实实的钟摆。

冻在湖里的苹果

有一个苹果失足掉进了
燕都莲花池里。
湖面结了冰
把它冻成
一个艳丽的影子。

快看，快看
有一个苹果冻在湖里。
爸爸，爸爸
我要那个苹果
你快去把它捞起。

苹果看人们走近又走远
看太阳升起落下又升起。
在冰里
它动弹不了身体
甚至没有一点空间让它
发一声叹息。

一群饥饿的野鸭觅食
飞来这里。
其中一只鸭子发现了
冰冻里有苹果的秘密。
它啄呀啄不动
眼看着苹果却
吃不到嘴里。

苹果乐了
嘚瑟吧你
休想吃老子。
你变成了烤鸭
老子依然是
保鲜的苹果王子。

碰瓷儿

爸爸，给你大众
我用兰博基尼
咱们玩撞车吧。

撞……
撞……

哎呀，你看
兰博基尼的玻璃
都被你撞坏了。
怎么办呀？

一粒种子的介意

我是一粒种子
平凡的种子。
不论有无羽毛或者会飞翔的伞
我都只是一粒种子。

我不知道会一不小心落在哪儿
或者被谁
扔在哪里。
虽然无法选择
我也想生长在沃土里
那种田野的
沃土里。

就在那里
我发芽
开一朵或者一堆仰面朝天的花
甚至再结一大群喜悦的种子。
然后，看孩子们

176

奔向四面八方
欢天喜地。

当然那仅是希望
美好与现实的预期
总是背离。

但是我依然希望。
作为
一粒平凡种子的介意。

屌丝的纠结

有时候，我想
我是不是屌丝啊？
尤其是骑着自行车
在早高峰上班路上和
晚高峰下班路上
毫无秩序的洪流中
像马戏团的猴子一样
玩命地蹬着自行车。

有时候，我想
我就是屌丝。
晚上看着我那个
灰指甲的大脚趾头
一片枯灰贫瘠
没有一点富或贵的光泽。

有时候，我想
我怎么就成屌丝了呢？

万物生长

老天爷没少给我一点阳光

也没少给我一点水分

我一直认为

自己是他宠爱的孩子。

我想看看屌丝是啥样的

大街上打望了半天

感觉个个都是江湖高手。

原来社会高深

屌丝不会在自己脸上写上

"屌丝"俩字。

我想，我不该是屌丝

毕竟我才35岁。

受伤的麻雀

你与宿醉的我
邂逅在清晨的大连港。

我在马路边散步
洞洞鞋差点儿踩在你身上。
你单腿用力而快速地往前跳跃
眼睛惊恐地向我回望。
我继续走
你继续跳
原来完好的羽毛已不会飞翔。

你害怕我这个庞大的妖怪吧
即使我告诉了你
其实我很善良。
突然你
跌进下水道
因为太恐慌。

不知道下面有什么
也不知道接下来会发生什么
我救不了你
是否有生的希望
还是死的绝望?

真的希望
你仍在天空里叽叽喳喳地飞翔。

黎明来时你在哪儿

一个人胡思乱想地睡
从未刻意设计或保持某种姿势。
醒来却发现
自己笔直安详
像是被告别与敬仰。

零点加一碗泡面的夜草
虚伪的罪恶短暂如无。
口与胃最原始的快感饱满四溢
顾不得防腐剂是将我变为
化石抑或木乃伊。

道听途说也想静坐禅定
观照不到本心
也化解不了欲望
却瞌睡绵绵。

麻木的建筑或组织里

总是人来人往

如同这个流水的人间。

有人生

有人死。

活人管不了死人

死人也顾不得活人。

霸道的生活

一如既往地横冲直撞

势不可挡。

我会想念

一些人。

黎明来时

你在哪儿?

好兄弟

深更半夜里
你我还摇摇晃晃
在夜晚街道的树影里。

任时间如何
流逝。
总有一抹绚丽
的情意。

不管你来
还是不来
不管是见
还是不见
我们总是执着地铭记。

人生
总是偶然的相遇和别离。

匆匆而过
不知的前途
未知的期。

希望你想起我
不是迷茫的烟云里。

浩荡的世间
你我还是
好兄弟。

改　变

向南，向北
习惯在时间的
片段
不停地辗转。

一杯月光
浸泡满天的心愿。
触摸不到的未来
是否真的存在风光无限？
沿途洒下的誓言
在仓皇中
变成一路无解的悬念。

什么样的地
什么样的天
忘却声嘶力竭的呼喊。
不去想
我的能力是不是有那么

一点点有限。

只是想改变。
改变，改变
我要用满的阳光
去策划发动
一场华丽的改变。

趁我们还年轻
做回自己生活真正的导演。

玻璃上的鸟屎巴巴

一只从未谋过面的鸟儿

在楼上方经过时

毫无征兆地

拉了一泡屎。

不偏不倚

糊在了我家阳台的

玻璃。

灰白色的鸟屎巴巴

勾起我关于某年某月某日的回忆。

西装革履

年少帅气

出入高档写字楼去谋职面试

神采奕奕地忙完一天

才发觉秀发上那一点

醒目的鸟屎。

是的

醒目的鸟屎。

人生总会遇到
这样偶然的问题。
无从推断
它是基于内急的无意
还是坏蛋般的故意。
那一瞬间
至少
它应该很惬意。

每当我看窗外
它都是块极其恶心的
提示。
嘿，看我
拉得多么精准
绝非一般的技艺。
终于
在某个未经占卜的日子
借着雨水
我攀高将它清洗。

玻璃又变回了
原来的玻璃。
黑黑的夜
外面开始了电闪雷鸣的
狰狞大戏。
突然想
你现在在哪里？
坏蛋的小调皮
是否会有一个檐
让你将这风雨
躲避？

开始行动了的春天

革命总是在不知觉中紧张有序展开。
不知道春天何时下的命令
但他的确已经开始了行动。

土豆从土黄色渐变为绿色
嫩芽饱含毒素进攻加防御
就要破豆而出。
白萝卜胡萝卜头顶已经长出郁郁葱葱的苗叶
贪婪攫取肥胖的营养直至让它空心。
白菜叶子开始变干变腐败
菜心从根茎司令部出发
要冲破层层束缚
在阳光下开一朵金黄色的花儿。

我的菜架已经沦陷了。

所有的菜都想出逃
从菜市场、运输菜的车辆、超市、菜架

甚至油锅逃走。

一起奔向田野农地

愉快地把自己埋进土里。

这是春的感召

隆重盛大

是一场超级宗教仪式。

东西开始容易腐烂

因为土地需要腐殖质去滋养

即将到来的万紫千红。

因为新的生命

需要空间。

我惊喜于发现

春天已经开始行动了。

我敬畏他的力量

但也讨厌他攻陷了我的菜架。

中午

该炒什么菜呢？

冬日的暖阳

北方的冬季
有很多令人讨厌的地方。
令人期待和喜爱的
除了飘舞的雪
就是一轮
暖烘烘的太阳。

在农村街头巷尾
老爷爷老奶奶总爱扎堆
夏季，树下纳凉
冬季，墙角晒太阳。
有坏孩子戏称他们是
吃饱等死的节奏
可换个角度想
寒冷的节气
吃饱喝足
无忧无扰
一个背风的墙角
就是温柔乡。

坐个板凳
聊个家常
沐浴着暖柔的阳光。
这对多少人
是一个不可触及的奢望?

城市的阳光
总会被遮挡。
也许是雾霾
也许是高楼
也许是让你无暇抬头的
繁忙。

真的站在那阳光下时
一切变得敞亮。

我喜欢迎着阳光
行走。
袭一身灿烂
在温暖中徜徉。
我更喜欢像柿子一样
站在枝头
朝向冬日的暖阳。

去兜兜风

冬天的晚上十一点钟
你有没有到北京的南六环兜兜风
坐着搬家公司的车
后面的车厢里。

老婆和孩子睡了
帮朋友搬东西
成一次拉风无比的旅行。
车往南开
呼啸地穿越雾霾和毛毛雨
穿越北京城的肚子。

越往外
车越稀少
路灯的光越显得温暖。
走着走着
突然觉得跟北京没有关系了。
那个城市这么快
就消失了。

有这样看过这个城市么
雨中雾中霾中寒冷中和黑暗中。
别样的
陌生魔幻。

车厢里除了杂乱的物件
还有一个搬运师傅
操一口川音
忙了一天
到这么晚
还接了我们的活儿。
颠簸晃悠中
他是不是该想想
故乡或者亲人？

回头看了看
他斜躺在那里
看着手机里繁华的都市剧。
我却
感觉远离了北京
想赶快回家了。

手　机

如果
没有手机
……

爸爸，Byebye

上班临出门前
妥妥看见爸爸换衣服
站在他的乐园里
焦急地喊："爸爸，过来……"。

我走过去
他招着手说："爸爸，进来……"
进去后他说："爸爸坐下，看车车"
他拿着书坐我腿上
看奥迪，看宝马……

妥妥，爸爸要上班，回来看车车好不好
好
我起身去拿公文包，准备穿皮鞋

爸爸，不行，进来，进来
我又走进小乐园
陪他翻了两页车车

他突然说
爸爸，不看了，Byebye。

原来他知道改变不了
只是想多温存
那么一小会儿。

春来了

各种花儿开了
各种叶子冒了出来
争先恐后
像是在抢什么。

世界变得热闹而拥挤。

春来了
一个隆重的
大大的春天。

别动，打劫

德国的飞机掉下来了
今天，北京的地铁亦庄线出轨了。
微信群一姑娘问我怎么看
我又不是元芳。

晚饭煮的饺子
老妈春节后从老家带来的。
冰疙瘩在锅里
变成了白白胖胖的主儿。
吃之前
先到阳台给老天爷爷上上供。

有个吃多了睡不着的兄弟
给我分析了单位的一帮混子们。
我发现自己熬夜加班像个傻二
可惜了我一副衷肠。

我怎么看？
活着就好好活着
老天爷请谁去
方式不限。

姑娘
人生苦短
没事儿
抓紧出门打劫个帅哥
把婚结了。

所谓的诗人死了

下楼迎面是一桃树
今天她的花红已谢。
我都没有想好怎么送别她
她转身即走
留一树绿叶
供我缅怀。

一个诗人走了
人们在对诗歌的谈笑中找一点聊资。
已经没有诗人。
无论怎么说无病呻吟
怎么说写得狗屎
还是说笑其有多湿。

在令人失望的尘世
也许依然有那么一点点东西
终归值得我们继续坚持。

打针哭了

妥妥从出生到现在
见过不少护士美眉的。
她们多是温柔可人
对妥妥摸摸这揉揉那
满怀爱惜
妥妥很是受用。

204

一晃马上要百天了
妥妥的哭笑越发清晰直截了当。

妈妈和奶奶带妥妥去打针
护士美眉一如既往地一番爱抚。
在她用湿棉球涂揉屁股时
妥妥应该还是沉浸享受其中的。
美眉，辛苦你了。
甚至可以想象他用
刚刚学会使用的无敌笑容
给护士美眉一个完美的电波。

在不能再短暂的瞬间

护士一针扎了下去。

什么情况？！

下毒手啊

趁老子不备玩儿阴的。

老子的屁股。

女人啊不靠谱啊

白放电了。

老子的屁股。

哇呜……

世间有一种伤心

就是在十足信任中被阴了一把。

妥妥满眼泪水

铭刻了对白大褂的谨慎恐惧。

至少

他还没学会掩饰。

妥妥的

我是你爸。

一段时间内
总会问自己：
我怎么就当爸了呢？

生你前
我唯一担心
你长得丑
以后娶不着或嫁不出。
生你时
我只盼你健康
母子平安。

从产房推出
我热情地与你打招呼。
你只轻瞥了我一眼
貌似与我不熟

气氛小有尴尬。

我开始像养一只小动物一样
打理你。
除奶水服务不能提供外
你拉尿洗澡等等
归我管辖。

小身体一览无遗
没隐私不说
还任我摆布
没有自由。
吼吼
还是老子说了算。

转眼三个月了
你一天天变重变长。
忘记了你哪天第一次笑
第一次两手握在一起玩弄
第一次咿咿呀呀自言自语
第一次哭出眼泪。

我没写日记
是一个懒惰的爸爸。

我们熟悉习惯了彼此
你的五官神态
渐渐透出我的样子。
你对我甜甜一笑
都会让我融化
甘心情愿
为你付出所有。
没能力描述的感觉
像被洗过脑一样。
肉麻地说
这是爱吧。

有时盼你快点长大
带你领略世间的五彩缤纷。
有时怕你长大
当你到爸现在年纪
爸的头发比你爷爷的都要白了。

每个人不都这样经历吗？

我会珍惜与你的所有时光
一点一滴地
与你共同成长。

愿你妥妥的。

好好过年

回首过去
依然是忙碌的一年。
不停歇的脚步
紧赶慢赶。

总是满怀希望
在一年的起点。
跋涉
耕耘
努力做好每一天。
到头或许失望
有不安
有不甘
人生收获总缺乏亮点。
释怀吧
付出过
我们无悔无憾。

新的一年
不论人生境遇
几重天。
我们又要许下
只属于自己的心愿。

过年了
纵使假期短暂
放松自己
陪陪家人
人生广阔万千
家是根基港湾。

好好过年！

期待一场雪

叶已散
风已寒
一切收敛起来。

臃肿的冬天
久不擦的鞋子
叩打着岁末的节拍。
熟悉而陌生的街头
噪音错乱澎湃。

拐过每一个墙角
突然想遇到等待。
曼妙地飘下
冷冷地
暖暖地等我
急忙忙赶来。

期待一场雪

让这个世界变白。
期待一场雪
把所有尘埃
都盖起来。
期待一场雪
在眼前弥漫盛开。

貌似
飘来几片雪。
再看
却是路人
快步擦肩的头皮屑。

原来不知道

原来不知道
母亲生我的时候
经历的是炼狱般的痛
脐带剪断
她才又活了回来。

原来不知道
我吃母乳的时候
会咬破母亲的乳头
每次喂奶
她那没有结好的痂
一次次被我生生揭开。

原来不知道
我生病的时候
母亲焦灼如焚
她无时无刻不在盼望
我快点好起来。

原来不知道

我睡觉的时候
母亲紧紧守护着我
我任何一点轻微的动静
母亲都会立即查看
漫漫长夜
她从未真正睡过。

原来不知道
我每天会便那么多
多少次尿湿她身下的被褥
母亲一把屎一把尿
把我拉扯大。

原来不知道
在母亲肚子里
我是她身上的肉
生下来
我是她心尖的肉。

原来
真的不知道。
直到
我有了小妥妥。

又要北上

又要北上。
坐上了高铁
沐浴在秋日的阳光。

又该离家了
又要北上。
窗外的麦苗啊
你绿得让我心揪得慌。

那个孩子
那个少年
就曾奔跑在那辽阔的时光。

我每次留下的都是
不舍的目光。
偌小的村庄
你盛满了我心的滚烫。
脚下是行进的千山万水

离开的时候
我却总还是孩子般的惆怅。

我的家
我的村庄
我的爹娘。
我永远永远地盼望
盼望
在我离开的日子
你们一直一直都安康。

早起出发的路上

这个城市
刚刚睡醒。
抄起行李
又是一次
远行。

正紧张有序撤退的夜
微寒的时令。
不苟言笑的地铁
哈欠的人们
脚下的时针忙个
不停。

对面看手机的帅哥
旁边吃包子的美女
无处不是风景。
呼啸的快轨
播音员唧唧喳喳

像个勤快的小园丁。

他们都忘记了带笑容
看不出是什么心情。
忙惯了
顾不得
或许
再平凡的故事
也需要有人听。

小生活

时间对任何人
从来都不显得阔绰。

我们总是很认真地去对待
痴迷地忙碌
全身心给了那个所谓的事业
所谓的工作。

夜晚躺下的那一刻
突然有问
哪里是属于我的我？

各种各样的标签
各色各等的人场
五光十色的漩涡
定义仅是繁琐。

也许

眼前的肥皂泡太多。

其实

人生无所谓波澜壮阔。

今生今世

走过

也是路过。

我要保护我的

小生活。

阳台上的北瓜

一粒北瓜种子
落在阳台上的富贵竹里。

某天无声响地
从花盆里
举出一点绿意。
是北瓜！
嫩绿的苗苗
生来注定要
加入局促里生存的
竞技。
从未想
你能活过几日。
我只当你
三五天绿化的意义。

你像一个囚徒
在竹林间夺取
生的一线生机。

每一片新叶的诞生
意味着一场战役的胜利。
一层叶，又一层
你终于长出了自己的触须。
出笼的囚徒
开始了开天辟地！

伸出一只只的手
能抓到什么东西？
晾衣架，花盆架
角落两边光滑的墙壁？
一次次触抓
一次次叹息。
你像个孤独无助的孩子
无计可施。
我以为
仅此而已。

那几日
近乎无视了你。
突然发现
你在攀爬墙壁。
每爬一步

长出一截新的肢体。
像一个攀岩者
更是一个不屈的战士！
这是生命的赞歌吗？
我
心生敬意。

你会开花吗？
会结出北瓜吗？
似乎是我
奢望的惊喜。
我想说
你已是传奇。
但想到
你的家人和朋友
自由生长在田野里
农院里。
多少有些压抑。

这里
是十楼
只有土
没有地。

回家是一种发现

回家的感觉
从未改变。

拿起行李箱
火车站就像是
一下子
就来到跟前。
飞奔吧
火车兄弟
希望你像龙猫
再远的距离
也仅是一瞬间。

回去后的安排
想了一遍
又一遍。
越想
越感时间短暂而有限。

不知从何时起
家成了我
偶尔歇脚的旅店。

谁的白发
又在我眼前浮现？
那样的白
是否又增加了一点点？

回家
才发现
自己还是个孩子
走破了鞋子
也要把妈找见。
回家
是幸福
而又心痛的
发现。

一教 101

校园里的一教 101
坐落在一片绿色的中央。
旁边有一个湖
一年四季
微波荡漾。

每晚十点钟断电后
一教 101 才正式登场。
四个男孩的一厂四派
在讲台前
无他地
吉他弹唱。

路边的灯
从窗户溜进来一点光。
路过的陌生人
闻声进来
静静地听

不作任何声响。

歌声悄悄地
在流淌。
写满谁的故事
又唱出谁的忧伤？

我们默默地听
说不出的惆怅
透过那扇窗
照在年轻的脸上。

也许你明天成为
别人的新娘
也许我还留在
这里唱。
十多年已去
这首《也许》
依然在耳边唱响。
大片翠绿的青草
还有那水汪汪的荷塘
《不老》的校园也已
变了模样。

一教 101
我们走了
你是否还是
晚间 10 点后的剧场?
湖边的水葡萄树
依然陪伴着你
与那线灯光。
也许
只是换了别人的青春
在传唱。

229

怒放的春天

曾经没有颜色

乏味的基调

满目荒凉。

曾经没有生机

尘封的世界

人们麻木地

忘记了想象。

似乎就在瞬间

整个世界突然变了模样。

绿叶挤上枝头

鲜花争相绽放。

风柔了

水绿了

人们张开了臂膀

拥抱和沐浴温暖的阳光。

随处可见的春天

生机自由流淌。

这就是

生命的力量

一旦爆发就势不可挡。

这就是

生命的怒放

释放自己只管张扬。

经历了太多的一成不变

是否也需要一些想象？

即使注定平凡

即使挫折不断

也要放飞梦想

争取自己的怒放！

好时光

春风拂面

空气中弥漫着

花的芳香。

那一轮弯月

深情凝望。

几点星

结束了雾霾中的流浪

终于

闪亮登场。

湖水清清

用尽了温柔地

荡漾。

路灯的光

映入水中

化影成妆

妩媚的

你是不是

人们说的春姑娘？

多么好的夜
真想静止了
这个好时光。

美食的哀愁

吃什么呢
一个闹钟般的问题
总出现在还没下班的时候。

或百度
或团购
两眼放光地期待
那是色香味全方位的
引诱。

辛勤跃动的筷子
在光盘前
总舍不得收手。

待买了单
杯水清口。

只剩得那人目光呆滞
满脸哀愁。

原来
思想
总在吃饱后。

要绽放的青春

总感觉时间很快
容不得想
年头
又到年尾。

这就是
光阴荏苒么？
我那可怜的青春呵
曾经
熠熠闪光
动人的青春。

我总是在
不知不觉中
虚度了你
任你红颜易老
任你去而不归。

每每想到
总感罪恶和惶恐。

听着自己的心跳
在忙乱的琐碎中
找回自己。

当那些时光过后
我是否
还能绽放？

北京的雨季

终于

窗外雨点开始飘起。

经历了那个

干燥的春季

七八月的天

带来了水的气息。

夜晚的远处

是谁在唱着

北京的迷离。

谁在这里欢笑

谁在这里哭泣

谁在这里

找寻失去的东西。

谁在这里沸腾

谁在这里奄奄一息

谁在这里
挣扎在与梦想的距离。

北京
又是雨季。
北京
我又拿什么爱你。

那个地方

有没有那么一个地方
容纳你我所有的悲伤
从此
只有快乐围绕身旁。

有没有那么一个地方
消除所有的迷茫
从此
人生变得清晰和明朗。

有没有那么一个地方
化解所有的猜忌和纷争
从此
相互之间只有和谐与谦让。

有没有那么一个地方
雾霾消散
从此

呼吸得自由与欢畅。

那个地方
一定是共同的梦想。
那个地方
在我们努力与跋涉的路上。

这样的夜晚

路灯后面有树
树后面有白云唱晚。
还有星星
我喜欢这样的夜晚。

雾霾的日子太久
总处于 PM2.5 的纠缠。
终于
见到了从早到晚
那样完整的蓝天。

一天天的步履匆忙
毫无目的地忙乱
喜欢这样宁静的夜晚。
数着星斗
遐想那些美好的从前
和遥远。

后 来

即使年龄增长
但总觉得并不懂地爱。

是相互的温暖
还是对彼此充满那么多样的
期待。

总想快快长大
有一个男人成熟的胸怀。
曾经的壮志
曾经的豪迈。
在现实面前
总有那么一点点无奈。

无奈
无奈
努力在自省面对的时候
能够给自己释怀。

期待
期待
总想去勾勒一个共同的
美好的未来。

我想
我还是不明白。
在过去和将来
怎么去面对
那个后来。

没有那么美

人生旅途中
总有人希望你变成
他们想象中的谁。

其实
我就是我
不同于任何的谁。
唯一
并且不完美。

总是期望了太多
把生活
想象得那样美。
最终
我们都要真实地展现
自我地回归。

走
从不曾言悔
望
从未心灰。
只想
在那迷茫处
是否是你我
共进共退。

246

理　由

躺下入眠的一刹那
明天成了最好的借口。

那些动人的理想
就这样
一点点地
变成迈不过去的山头。
习惯了懒惰
习惯了放纵
习惯了逃避
习惯了空空两手。
看时光一天天溜走
走得没有声息
再也不回头。

下一个清晨
太阳依然会升起
在那个以往的时候

我是否还会
重复同样的生活步骤？

是不是能够
再给自己一个前进的理由？

相　遇

偶然的相遇
却化腐朽为神奇。
从完全不相干的两个人
到相携风雨共济
到相随不舍不弃
我们从此
心与心不再有距离。

我愿意相信
这是上天的旨意
这是命运的演绎。
让我们相遇
在人生
这大好的时光里。
给彼此温暖
共享美妙的甜蜜。

我愿意

与你共担所有的不如意

不管那变幻迁转的世与事。

与你一起

数看

每次风雨过后的

晴空万里。

在爱中成长

曾经是一个人
忙碌着独来独往。

因为爱情
你我结成一个不可分割的城邦。
快乐
你我一起分享。
烦恼
你我一起担当。
看你的欢笑
闻你的味道
幸福与甜蜜变得无限宽广。

从未有两个人
脾气会完全一样。
当我们任由
坏的情绪飞涨
总在激发着彼此的锋芒。

远离妥协

拒绝退让

争吵或者沉默

都可以让你我受伤。

经历了才懂得

生活原来是这般模样。

才明白

从来没有注定的地久天长。

学会经营

学会担当

我们在爱中成长。

云　上

平坦的云层如沃野
飞机在其上缓缓飞翔。
太阳慢慢隐去了
收敛了刺眼的光芒。
在西面的天边
留了一片绚烂的霞光。

在我看不到的远方
太阳一定在忙着回收
他身后遗漏的阳光。

很快
黑暗便威武登场。
没有路灯
没有夜市的声响
我像乘牛车归家的农郎
颠簸中没边没沿地

胡思乱想。

云层下
那些城市是否华灯初上
那个村庄是否又饭菜飘香？

突然想你

虽已三十好几
但我还是一个会想家的孩子
在母亲节的前一天
突然想起你。

多少年了
每年没有几天能和你在一起。
每次回家
你总是在忙活中一片欢喜。
数着三两天
屈指可数的归期。
你把七七八八的东西
都塞进我的行李箱里。
每次都走得那么急
天蒙蒙亮你已
在包着抬腿的饺子。

想到你

你总是对我那么无私。

不会埋怨我

也不会挑剔。

想着让我少喝酒

顾着自己的身体

想着我早日成家

趁自己身体还好

为我照看几年孩子。

虽然你不识几个字

虽然你讲不出那么多大道理

但是你要强的性格

一直是我前进的动力。

想到你

我就会怪自己。

有不努力

也有不争气。

我已不再是一个孩子

想着你日渐苍老的容颜

我应该承担起

我的担子。

床头的月光

闭了灯光
我仰躺在山东老家的床头
居然看到了月光
看到了月亮。

透过窗户上的玻璃
看清辉流淌。
看着月亮
是天与地的遥望。
它如婴儿的眼睛
透彻而明亮
没有贪婪的欲望
没有无耻的忧伤
没有浮躁
没有张狂
又如一张纯净的脸
在夜空中
安静地张望四方。

我像回到了童年
边看着它
边漫无边际地胡思乱想。
月光却径自
在床边铺成片片花朵
满盈芬芳。

清明时节

阳光洒满
小院子一片温暖。

桃枝透一点红
那是绚烂之前的试探。
榆树枝丫染一点微绿
那是褯褓中的娇羞的榆钱。

鸟儿在树梢
欢快地交谈。
小狗静静地趴在地上
睡得销魂和万般慵懒。
蚂蚁钻出了地面
惊喜地欣赏着阔别了一个冬季的
蓝天。

我拿一马扎

坐在院子和阳光的中间
与它们一起
尽享了清明时节的
好休闲。

济南人家

清清的泉
涌动的泉
汇到护城河
你是山神的眼。

留一点清凉
增一份甘甜
似天上的水
遗落在人间。

一袭青柳
透了娇艳。
济南人家
绿色染透了两岸。
落了钟声
倦鸟飞归千佛山。

四月的泉城
是好客的温暖
更是生机的灿烂。

地铁五号线

下班高峰
五号线地铁车厢。
我们是拥挤的萝卜
塞得满满当当。

每站停靠
总有人欢呼而上。
挤不上的萝卜
伫立在站台上
一脸的神往
和疲惫的迷茫。

摸不到把手
四面是身体紧挨身体的墙。
缩了肚子
游离的氧气开始变得紧张。
每个人都在无所事事地
胡思乱想。

不一样的面孔

不一样的着装。

不一样的故事

不一样的心情与梦想。

没有任何交集

仅仅是擦肩的瞬间过往。

分散沿途的目的地

娇艳欲滴的晚餐

花果飘香。

五号线

每天南来北往

与满车的萝卜

一起奔波

一起希望。

一点点就足够

这个年纪
不该再有青涩的愁。
一点点心事
却找不到合适的人
来诉说张口。

那些男女的爱情故事
甜蜜是摘星的楼。
踩下的层叠的悲伤
总有人难以承受。
一次次希望与努力
幸福却总是在遥远处守候。
看不清的牵手
道不清的分手
谁来了
又是谁转身就走
似乎一切都不再需要理由。

变化总是太快
令人捉摸不透。
谁值得等候
谁又终将和我一起走。

爱情是温暖的火种
有一点点就足够。

野　外

冬季的田野
自由而苍茫。

树木没了叶子
剩了枝杈
在天空下守望。
那日的青草
浸染了黄色
中断了滋长。
河水不再丰满
一眼就
看到了它前去的方向。

夕阳
朝阳
再夕阳
静悄悄的野外

流淌着醉人的时光。

那点点嫩绿的麦苗
是躁动的分子
明天或者后天
它们将点燃整个春天的歌唱。

梦回布达拉

在泉城某个医院
黑夜的病房
我梦见西藏。

从北京出发
用血肉双脚
将苍茫的千山万水丈量。
再长的距离
也抵不过心的向往。
那里
透明的空气
纯净的阳光
美丽的经幡
风中闪亮。

拉萨
圣洁的天堂。
布达拉

依然是光芒万丈
召唤尘世苦痛迷茫的众生
将所有的悲喜恩怨化解涤荡。

面对布达拉
收不回我眷恋的目光
而我对于她
却是一个过往的香客
遥远的一如既往。

269

腊月十五

一轮朦胧的圆月

悬在拥挤的楼宇间。

没有花好

没有飞雪

清冷的北风

放肆地流窜。

思乡的人

还在守着天桥上的摊。

夜色的眼神中

穿透千里

是热气腾腾要出锅的年。

火车站

意外地

变为幸福的起点。

走的

计划要走的

北京的漂泊
层叠泛滥。
期待着家
温暖的
终点站。

握着车票
一路向南。

贪　念

水尽鱼现

垂涎者

忘乎所以地狂欢。

跳进去

才发现

脚下是无底的泥潭。

先行者的遗骸

随处可见。

挣扎

无数的高墙突现

在河岸

在眼前。

攀不过

穿不越

身体在挣扎中

沦陷。

呼喊

成为绝望的遗言。

浸有无数尸体的泥浆

没了鼻孔

临近双眼。

眼前

那些肥美的鱼

拥挤着跳跃。

它们

也是在苟延残喘

还是

欢快地在欣赏

贪婪者的沦陷？

每条鱼下面

都有一个杀人的泥潭。

每个贪念背后

都有不尽的灾难。

时间的背叛

来不及数
一天天
一周周
又过了一年。

汹涌的人海
日日夜夜见不到岸。
走走停停
一杯咖啡
一支烟
漫无边际的孤单。

记不清的无意义的忙碌
是否是对梦想的背叛。
麻木中
你我渐渐不再年轻的脸
纠结
变成一种无耻的习惯。

2012
谁的方舟将会出现？

佑佑和妥妥

佑佑出生半个多月了
除了使劲吃奶就是酣酣地睡。
即使半夜饿了醒来
也仅仅是在那里嘬嘴巴
嘬得吧唧吧唧响也不轻易哭。

妥妥跟爷爷奶奶待了一天
只有晚上临睡前才能见到妈妈
让妈妈哄着入睡。
睡着后
妈妈拿枕头挡着他
离身去陪着佑佑。

妥妥搂着枕头
还以为是自己的妈妈。

爸爸收拾完会陪着妥妥睡
明天一早又被送去爷爷奶奶那里。

他会说"我想妈妈了"
还会说"我想回家"。

佑佑，等你长大了
要记得哥哥这么大的时候。
妥妥，等你长大了
要记得妹妹这么小的时候。
你们兄妹俩都是超级棒的宝贝
是爸妈心爱的宝贝。